EXTRAIT DE LA *REVUE DES DEUX MONDES*
LIVRAISON DU 15 JUILLET 1878.

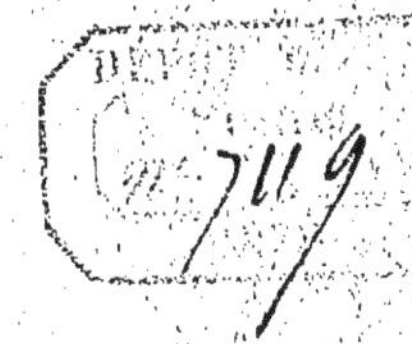

CAMARON

ÉPISODE DE LA GUERRE DU MEXIQUE

Parler de l'expédition du Mexique aujourd'hui, c'est la condamner. L'or et le sang de la France gaspillés en pure perte, nos arsenaux vidés jusqu'à l'épuisement, la retraite précipitée de nos troupes au premier signe du mécontentement des États-Unis, la mort tragique de Maximilien d'Autriche, notre protégé, la ruine de tant de braves gens qui, sur la foi des discours officiels, avaient cru à la solidité des valeurs mexicaines, les conséquences trop tôt vérifiées d'une folle entreprise qui nous laissait affaiblis désormais en face de notre véritable ennemi, jusqu'à la défection de l'homme qui s'y était acquis richesses et honneurs, tout cela pour nous résume une des plus douloureuses pages de notre histoire. Il ne faudrait pas pourtant dépasser la mesure et, par un sentiment exagéré, payer d'ingratitude ceux qui, tous les premiers victimes des faux calculs d'une politique d'aventure, allèrent par-delà les mers soutenir l'honneur du nom français. Partis au nombre de quelques milliers, chargés de conquérir et d'occuper à eux seuls la surface d'un pays cinq fois plus grand que le nôtre, ayant à lutter tout ensemble contre les surprises d'un climat meurtrier et les embûches des guerilleros, nos soldats furent au Mexique ce qu'ils avaient été en Afrique, en Crimée, en Italie, inaccessibles à la crainte, aux fatigues et aux privations. Qu'on feuillette les bulletins militaires, on ne trouvera pas un jour dans cette longue campagne de quatre ans qui n'ait été témoin d'un ou plusieurs combats, souvent heureux, parfois contraires, livrés d'ordinaire à la suite de marches écrasantes ou contre des forces dix fois supérieures. Il y eut là, sur cette terre lointaine, des prodiges inouis de valeur, de constance, de dévoûment à la patrie et au drapeau; un souffle d'héroïsme semblait avoir passé dans tous les rangs, et tel fait d'armes à peine

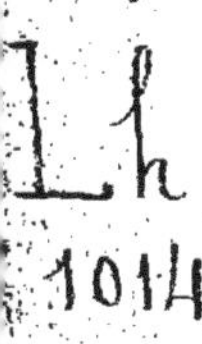

connu, comme la prise du Borrego ou la défense de Camaron, aussi glorieux que Mazagran, non moins beau que les Thermopyles, mériterait de devenir légendaire dans notre jeune armée.

L'armée française venait de lever le siège de Puebla et s'était repliée sur Orizaba, serrée de près par les troupes victorieuses. Cette ville est dominée par le *Cerro del Borrego*, autrement dit la montagne de l'Agneau, haute de 400 mètres environ et si abrupte qu'on n'avait pas cru d'abord nécessaire de l'occuper. Dans la soirée du 13 juin seulement, une des deux compagnies du 99ᵉ de ligne placées en avant-garde de ce côté reçut l'ordre de s'en emparer au plus tôt; mais déjà un corps de 3,000 ennemis, tournant par les bois, avait gravi la position et s'y était retranché avec quelques pièces d'artillerie. A minuit, le capitaine Détrie commence l'escalade. Les ténèbres étaient si épaisses qu'on ne distinguait rien à deux pas; les hommes, sac au dos et dans le plus grand silence, grimpaient à la file, en s'aidant des pieds et des mains, le long de ce mur à pic qui, même en plein jour, avait paru inaccessible. Enfin, après des efforts surhumains, ils touchaient au premier palier du Cerro, quand une décharge imprévue, partie des broussailles, leur révèle la présence de l'ennemi. Détrie fait mettre sac à terre et entraîne sa petite troupe à la baïonnette; en même temps, pour tromper l'ennemi sur ses véritables forces, il ordonne à ses deux clairons de sonner sans relâche; lui-même, enflant la voix, il feint d'avoir à commander tout un corps d'armée imaginaire, appelle les officiers par leurs noms, les bataillons par leurs numéros, et les lance en masse à l'assaut. Les Mexicains reculent en désordre, on les poursuit; mais à mesure qu'on avance ils se reforment et réapparaissent plus nombreux. Pendant plus d'une heure, on lutte ainsi pied à pied; mais il est à craindre que l'ennemi, s'apercevant enfin de notre petit nombre, ne parvienne à nous envelopper. Détrie arrête ses hommes, les embusque et leur recommande de rester en place sans tirer; le bruit du combat a sans aucun doute attiré l'attention des nôtres demeurés dans le bas, et l'on peut compter sur un prompt secours. En effet, vers trois heures et demie du matin, arrive l'autre compagnie commandée par le capitaine Leclère, et toutes les deux réunies reprennent l'offensive. En vain les Mexicains reviennent-ils deux fois à la charge et font pleuvoir sur les assaillans un feu terrible; délogés de toutes les crêtes, attaqués corps à corps, ils lâchent pied et se débandent. Saisi de panique à son tour, le gros de leurs troupes, qui campait dans la plaine, s'empresse de lever le siège; 140 soldats français avaient mis en fuite une armée. Cette surprise coûta aux vaincus 300 tués ou blessés, dont un grand nombre d'officiers supérieurs, 200 prisonniers, trois obusiers de montagne, trois fanions et un drapeau; nos pertes ne dépassaient pas 6 morts et 28 blessés. Le capitaine Détrie, qui, par sa vigueur et sa présence d'esprit, avait décidé du succès, fut en récompense promu chef de bataillon. Nommé capitaine tout récemment, il portait encore sur sa tunique, en montant au Borrego, les simples galons de lieutenant.

A Camaron, le dénoûment ne fut pas aussi heureux pour nos armes, mais il est des échecs qu'on ne donnerait pas pour des victoires. J'ai eu l'honneur de connaître un des rares survivans de cette affaire. Quarante-cinq ans environ, la taille plutôt petite que moyenne, le teint bistré, les yeux petits et vifs, les traits ouverts, énergiques, dans les gestes cette allure un peu brusque que garde toujours l'ancien militaire sous l'habit bourgeois, tel est au physique le capitaine Maine, aujourd'hui en retraite. A sa joue, marquée d'une balle qu'il reçut en Crimée et qui lui fait comme une large fossette, à la rosette d'officier ornant sa boutonnière, sans peine on reconnaît qu'il a dû passer par de rudes épreuves. Souvent prié de nous raconter l'épisode de Camaron, il s'y refusait toujours, non par fausse modestie sans doute, mais ce souvenir, disait-il, si honorable qu'il fût, ne laissait pas de lui être pénible. Un soir pourtant, comme nous le pressions, il dut céder à nos instances, et c'est son récit, religieusement écouté, que j'ai essayé de reproduire.

I.

« Nous faisions partie des renforts de toutes armes envoyés à la suite du général Forey après l'échec de Puebla. Le régiment étranger, qui avait fait si souvent parler de lui en Algérie, allait trouver au Mexique de nouvelles occasions de se distinguer.

Sitôt débarqués, nous avions été dirigés sur l'intérieur : notre 3e bataillon s'était arrêté à la Soledad, à huit lieues environ de Vera-Cruz; les deux autres, avec le colonel Jeanningros, avaient continué jusqu'à la chaîne du Chiquihuite, en bas duquel ils s'étaient établis, tenant ainsi la route qui de Vera-Cruz mène à Cordova.

Le Chiquihuite est pour ainsi dire le premier gradin qui sépare les Terres-Chaudes des Terres-Tempérées. Vous connaissez déjà par la carte l'aspect particulier du territoire mexicain; on l'a comparé fort exactement à une assiette renversée qu'on recouvrirait d'une soucoupe également renversée; les deux rebords de l'assiette et de la soucoupe figureraient, l'un la zone des Terres-Chaudes, qui comprend tout le littoral et qui s'enfonce d'une vingtaine de lieues dans l'intérieur du pays; l'autre, la zone intermédiaire, dite des Terres-Tempérées; l'espace plane situé au sommet formerait la troisième zone, celle des Terres-Froides ou hauts plateaux. Ainsi que la plupart des noms de lieux au Mexique, Chiquihuite a un sens précis et signifie en langue indienne une hotte ou mannequin comme en portent nos chiffonniers; par sa forme en effet, la montagne rappelle assez bien un de ces paniers retournés.

Quoi qu'il en soit, dès notre arrivée le colonel s'était empressé d'établir à certaine hauteur, sur les premières pentes de la chaîne, un poste d'observation; de là on dominait une partie de la plaine et principalement Paso del Macho, — le pas du mulet, — où s'étendaient nos avancées. Une longue-vue, mise à la disposition des soldats du poste, leur permettait de fouiller au loin la campagne, alors infestée par les bandes mexicaines et de signaler sans retard tout mouvement suspect.

Un mois s'était déjà écoulé sans grave incident, et j'étais précisément de garde sur la montagne avec deux escouades de ma compagnie, commandées par un sergent, quand, le 29 avril, vers onze heures du soir, l'ordre nous vint de rallier aussitôt nos camarades qui campaient dans le bas.

Dès que nous eûmes rejoint, on prit le café, et vers une heure du matin la compagnie se mit en marche.

Juste au même instant, un immense convoi militaire concentré à la Soledad s'apprêtait à quitter ce point à destination de Puebla, dont le second siège était commencé depuis plus de deux mois; nous étions chargés d'aller à sa rencontre et d'éclairer tout le terrain en avant de lui entre le Chiquihuite et la Soledad.

Une belle compagnie que la nôtre, la 3e du 1er, comme on dit à l'armée, et qui passait à bon droit pour une des plus solides de la légion! Il y avait là de tout un peu comme nationalité, — c'est assez l'habitude du corps, — des Polonais, des Allemands, des Belges, des Italiens, des Espagnols, gens du nord et gens du midi, mais les Français étaient encore en majorité. Comment ces hommes, si différens d'origine, de mœurs et de langage, se trouvaient-ils partager les mêmes périls à tant de lieues du pays natal? Par quel besoin poussés, par quelle soif d'aventures, par quelle série d'épreuves et de déceptions? Nous ne nous le demandions même pas; mais la vie en commun, le voisinage du danger, avaient assoupli les caractères, effacé les distances, et l'on eût cherché vainement entre des élémens aussi disparates une entente et une cohésion plus parfaites. Avec cela tous braves, tous anciens soldats, disciplinés, patiens, sincèrement dévoués à leurs chefs et à leur drapeau.

Nous comptions dans le rang au départ 62 hommes de troupe, les sous-officiers compris, plus 3 officiers : le capitaine Danjou, adjudant-major, le sous-lieutenant Vilain et le sous-lieutenant Maudet, porte-drapeau, qui, bien qu'étranger à la compagnie, avait obtenu de faire partie de la reconnaissance. Notre lieutenant, malade, resta couché au camp du Chiquihuite. Nous avions la tenue d'été : petite veste bleue, pantalon de toile, et, pour nous garantir du soleil, l'énorme *sombrero* du pays en paille de latanier, dur et fort, qui nous avait été fourni par les magasins militaires. Nos armes, comme celles des autres troupes du corps expéditionnaire, étaient la carabine Minié à balle forcée, alors dans tout son prestige, et le sabre-baïonnette. Deux mulets nous accompagnaient, portant des provisions de bouche.

Au bout d'une heure de marche environ, nous atteignîmes Paso del Macho, sur le bord d'un grand ravin sinueux, au fond duquel coule un torrent. Ce poste était occupé par une compagnie de grenadiers sous le capitaine Saussier; une vieille tour en ruines, dominant le ravin, pouvait servir tout à la fois de lieu d'observation et de refuge. Nous n'y demeurâmes qu'un instant; les officiers échangèrent quelques mots, puis se serrèrent la main, et après avoir franchi le torrent sur une étroite passerelle, d'un pas relevé, nous continuâmes notre chemin.

Nous suivions sur deux rangs serrés le milieu de la route; il faisait pleine nuit encore, et le terrain, fort accidenté dans cette partie, couvert de bois et de hautes broussailles, pouvait cacher quelque embuscade. A certains endroits, des deux côtés de la voie, s'étendaient de larges éclaircies faites dans l'épaisseur du fourré par la hache ou l'incendie lors du passage des convois. Quant à la route elle-même, jamais réparée, défoncée par les pluies torrentielles de l'hiver, par le défilé incessant des voitures et des caissons, elle était presque impraticable, et il nous fallait cet instinct que donne l'habitude de la marche dans les pays vierges pour ne pas rouler tout à coup dans des trous ou des ornières profondes comme des précipices.

Au point du jour, nous approchions du village de Camaron, en espagnol écrevisse; il tire ce nom bizarre d'un petit ruisseau qui coule à quelques centaines de mètres et qui, paraît-il, abonde en crustacés d'une grosseur et d'une saveur sans pareilles.

Comme presque tous les villages aux alentours, celui-ci était complètement ruiné par la guerre. D'ailleurs il ne faudrait pas se méprendre sur l'importance du dégât : un méchant toit de chaume fort bas qui descend presque jusqu'à terre, soutenu tant bien que mal par deux ou trois pieux mal dégrossis ou quelques branches d'arbres, parfois une poignée de boue pour boucher les trous, voilà ce qui constitue l'habitation d'un Indien, et si elle risque de s'écrouler dès qu'on a le dos tourné, du moins n'en coûte-t-il pas beaucoup pour la rebâtir. Les maisons vraiment dignes de ce nom et solidement construites sont toujours la grande exception.

Camaron n'en comptait qu'une alors : c'était, sur le côté droit de la route, un vaste bâtiment carré, mesurant à peu près 50 mètres en tous sens et construit dans le goût de toutes les *haciendas* ou fermes du pays. La façade, tournée vers le nord et bordant la route, était élevée d'un étage, crépie et blanchie à la chaux, avec le toit garni de tuiles rouges. Le reste se composait d'un simple mur très epais, fait de pierres et de torchis et d'une hauteur moyenne de 3 mètres. Deux larges portes s'ouvrant à la partie ouest donnaient accès dans la cour intérieure, nommée *corral:* c'est là que chaque soir, en temps ordinaire, on remise les chariots et les mules, par crainte des voleurs, toujours très nombreux et très entreprenans dans ces parages comme dans tout le Mexique.

Nous entrâmes. La maison était vide: point de meubles; seules, quelques vieilles nattes pourries, des débris de cuir gisant à terre laissés là par les muletiers de passage. En face et de l'autre côté de la route, il y avait encore deux ou trois pauvres constructions à demi écroulées et désertes, elles aussi.

Au sortir du village, le gros de la compagnie se partagea en deux sections, l'une à droite, l'autre à gauche, pour battre les bois; le capitaine, avec une escouade en tirailleurs et les deux mulets, continua de suivre la route. Rendez-vous était donné pour tout le monde à Palo-Verde, — taillis vert, — lieu où les convois s'arrêtent d'ordinaire à cause d'une fontaine qui est proche et qui fournit une eau excellente.

De fait, après une assez longue course sous bois, comme nous n'avions trouvé nulle part trace de l'ennemi, nous nous rabattions sur Palo-Verde. A cet endroit, le terrain, qui s'élève légèrement, est entièrement dégarni dans un rayon de plusieurs centaines de mètres; mais la forêt reprend bientôt plus verte et plus touffue que jamais.

Nous marchions déjà depuis plus de six heures; il était grand jour, et le soleil, dardant tous ses feux, nous promettait une chaude journée. On fit halte. Des vedettes sont placées autour de la clairière en prévision d'une surprise, les mulets sont déchargés, et le caporal Magnin part pour la fontaine avec une escouade. Un grand hangar en planches, couvert de chaume, était établi sous un bouquet d'arbres, à l'abri du soleil. Tandis qu'une partie des hommes coupe du bois, prépare le café, d'autres s'étendent pour dormir.

Une heure ne s'était pas écoulée, l'eau bouillait dans les gamelles, et l'on y mettait le café, quand, du côté de Camaron et sur la route même que nous venions de quitter, deux ou trois de nous signalèrent quelque chose d'anormal.

La poussière montait vers le ciel en gros tourbillons. A cette distance et sous les rayons aveuglans du soleil, il n'était pas facile d'en distinguer davantage. Pourtant nous n'avions rencontré personne en chemin, et, si quelque mouvement de troupes avait dû se produire sur nos derrières, on nous en eût avertis ; tout cela ne nous présageait rien de bon.

Le capitaine avait pris sa lorgnette. — Aux armes ! L'ennemi ! — s'écria-t-il tout à coup. Et en effet, avec la lorgnette, on les apercevait fort bien. C'étaient des cavaliers; coiffés du chapeau national aux larges bords, ils avaient, selon la coutume, déposé leur veste sur le devant de la selle et allaient ainsi en bras de chemise.

Comme nous l'apprîmes plus tard, depuis plusieurs jours déjà une colonne des libéraux, forte de près de 2,000 hommes, tant cavaliers que fantassins, et commandée par le colonel Milan, était campée sur les bords de la Joya, à environ deux lieues de notre ligne de communication, guettant le passage du convoi. Une chose les avait attirés surtout : l'annonce de 3 millions en or monnayé, enfermés dans les fourgons et que le trésor dirigeait sur Puebla pour payer la solde des troupes assiégeantes. Grâce à leur parfaite connaissance des lieux et à l'habileté vraiment merveilleuse qu'ils déploient pour couvrir leurs marches, au camp du Chiquihuite on ne soupçonnait même pas la présence d'une pareille force sur ce point. Par contre, toute la campagne était remplie de leurs éclaireurs. Aussi la compagnie n'avait pas encore quitté Paso del Macho, que déjà notre marche était signalée, et 600 cavaliers montaient en selle pour nous suivre. Ils nous accompagnèrent toute la nuit, à certaine distance et à notre insu. On avait compté nos hommes; on les savait peu nombreux; craignant eux-mêmes que leur position n'eût été éventée, les Mexicains avaient résolu de nous enlever pour ne point manquer le convoi.

Au premier cri d'alarme, on donne un coup de pied dans les gamelles, on rappelle en grande hâte l'escouade de la fontaine, on recharge les bêtes, et moins de cinq minutes après nous étions tous sous les armes. Pendant ce temps, les Mexicains avaient disparu. Évidemment une embuscade se préparait sur nos derrières; le mieux était en ce cas de revenir sur nos pas et de chercher à voir de plus près l'ennemi auquel nous avions affaire.

Nous quittons Palo-Verde en colonne, précédés d'une escouade en tirailleurs; mais alors, au lieu de suivre la route, sur l'ordre du capitaine la compagnie prend par la droite et s'engage sous bois. Nous y trouvions ce double avantage de dissimuler nos mouvemens et de pouvoir à l'occasion repousser plus facilement les attaques de la cavalerie libérale.

Le bois s'étendait à l'infini dans la direction de la Joya. Au-dessus des buissons et des touffes de hautes herbes montaient, reliés les uns aux autres par de longues lianes tombant en guirlandes, les magnolias, les lataniers, les caoutchoucs, les acajous, tous les arbustes rares, toutes les essences précieuses de cette nature privilégiée. Parfois le fourré devenait si épais qu'il fallait s'y ouvrir un chemin avec le tranchant du sabre-baïonnette. Çà et là couraient d'étroits sentiers, connus des seuls indigènes.

Nous marchions depuis plus d'une heure sans avoir même aperçu l'ennemi. Sorti l'un des premiers de l'École de Saint-Cyr, jeune encore, estimé des chefs, adoré des soldats, le capitaine Danjou était ce qu'on appelle un officier d'avenir. Grièvement blessé en Crimée et resté manchot du bras gauche, il s'était fait faire une main articulée dont il se servait avec beaucoup d'adresse, même pour monter à cheval. Autant que son courage, ce qui le distinguait surtout c'était cette sûreté, cette promptitude du coup d'œil qu'on ne trouvait jamais en défaut. Ce jour-là il portait sur lui une carte du pays, très complète, dressée à la main par les officiers de l'état-major français, et qu'il consultait souvent. A quelque distance, en face de nous, coulait la rivière, profondément encaissée entre ses deux bords à pic et gardée sans doute par un ennemi nombreux; s'engager davantage pouvait paraître dangereux; il nous fit faire volte-face et tendre de nouveau vers Camaron.

Au moment même où nous débouchions sur la route, à 300 mètres environ du pâté de maisons, un coup de feu parti d'une fenêtre vint blesser l'un de nos camarades à la hanche.

La compagnie s'élance au pas de course; à l'entrée du village elle se dédouble, tourne par les deux côtés simultanément et se retrouve à l'autre bout sans que rien de nouveau ait confirmé la présence de l'ennemi. Nous nous arrêtons, l'arme au pied, tandis qu'une escouade fouille soigneusement les maisons. En même temps, comme il fait très chaud et que la soif commence à nous tourmenter, des hommes avec leurs bidons descendent vers un petit ravin, situé à quelques pas sur la droite et où l'on trouve quelquefois de l'eau dans les creux du rocher. Par malheur la saison des chaleurs était déjà arrivée, et nous dûmes rester sur notre soif. Dans le village, on eut beau chercher, l'adroit tireur ne s'y trouva plus: sans doute quelque vedette ennemie qui avait fui à notre approche.

Nous reprîmes alors la route du Chiquihuite. Nous allions encore une fois partagés en deux sections, une sur chaque flanc, le capitaine avec les mulets et une escouade au centre, plus une escouade d'arrière-garde à 100 mètres de distance.

A peine avions-nous fait quelques pas, nous aperçûmes tout à coup, sur un monticule à droite et en arrière de nous, les cavaliers mexicains massés, sabre au poing et s'apprêtant à charger. Ils avaient remis leurs vestes de cuir sur leurs épaules et nous les reconnûmes très bien; le coup de feu de leur vedette les avait appelés. A cette vue, le capitaine Danjou, ralliant les deux sections et l'escouade d'arrière-garde, nous fait former le carré pour mieux soutenir la charge; au milieu de nous étaient les mulets; mais les deux maudites bêtes, pressées de tous côtés et regrettant leur ancienne liberté d'allures, sautaient, ruaient, faisaient un train d'enfer; force nous fut de leur ouvrir les rangs, et ils partirent au triple galop dans la campagne, où ils n'allaient pas tarder à être capturés.

Les ennemis avaient sur nous l'avantage du lieu, car le terrain, plane et dégarni aux abords de la route, favorisait les évolutions de leur cavalerie; au petit pas, ils descendirent le coteau, se séparèrent en deux colonnes afin de nous envelopper, et, parvenus à 60 mètres, fondirent sur nous avec de grands cris.

Le capitaine avait dit de ne point tirer: aussi les laissions-nous venir sans broncher, le doigt sur la détente; un instant encore, et leur masse, comme une avalanche, nous passait sur le corps; mais au commandement de feu une épouvantable décharge, renversant montures et cavaliers, met le désordre dans leurs rangs et les arrête tous nets. Nous continuions le tir à volonté. Ils reculèrent.

Sans perdre de temps, le capitaine nous fait franchir un petit fossé garni d'une haie de cactus épineux, formant clôture, qui bordait la route sur la gauche et remontait jusqu'à Camaron. Outre que cet obstacle devait arrêter l'élan de la seconde charge, nous espérions atteindre les bois, dont on apercevait la lisière à 400 ou 500 mètres de là, et sous leur couvert regagner Paso del Macho sans encombre. Le tout était d'y arriver.

Par malheur, une partie des Mexicains nous avait déjà tournés par le nord-est de l'hacienda; les autres avaient essayé de franchir la haie de cactus, mais leurs chevaux pour la plupart s'étaient dérobés. Une seconde fois, nous nous formâmes en carré, et comme les assaillans étaient moins nombreux, comme ils ne chargeaient plus avec le même ensemble, nous soutînmes cette attaque encore plus résolûment que la précédente. Ils reculèrent de nouveau.

Cependant notre situation devenait critique. Rejoindre les bois? il n'y fallait plus songer: l'hacienda au contraire était peu éloignée; avec du sang-froid, du bonheur aussi, nous pouvions nous y réfugier et tenir derrière les murs, jusqu'à l'arrivée probable d'un secours.

Le parti du capitaine fut bientôt pris; sur son ordre nous mettons la baïonnette au canon, puis à notre tour, tête basse, nous fonçons sur les cavaliers groupés devant nous; mais ils ne nous attendent pas et détalent comme des lièvres. Si le Mexicain fait preuve souvent en face des balles d'un courage incontestable, et même un peu fanfaron, il semble que tout engagement à l'arme blanche soit beaucoup moins de son goût.

Du même élan, nous franchissons la distance qui nous sépare de la ferme et nous pénétrons dans le corral; puis chacun s'occupe d'organiser la défense. L'ennemi ne se voyait plus; terrifié de notre impétuosité toute française, il s'était réfugié de l'autre côté du bâtiment. A défaut de portes depuis longtemps absentes, nous barricadons tant bien que mal les deux entrées avec des madriers, des planches et tout ce qui nous tombe sous la main.

Nous avions songé d'abord à occuper la maison tout entière, mais nous n'en eûmes pas le temps; d'ailleurs nous n'étions pas en nombre. Déjà l'ennemi, revenu en avant, avait envahi les deux premières chambres du rez-de-chaussée par où l'on communiquait avec l'étage supérieur. Une seule restait libre, située à l'angle nord-ouest et ouvrant à la fois sur le dehors et sur la cour. Nous nous hâtames d'en prendre possession.

Dans l'intérieur du corral et à gauche de la seconde entrée s'élevaient deux hangars en planches, adossés à la muraille ; le premier complètement fermé et à peu près intact ; l'autre, celui du coin, tout ouvert, à peine abrité d'un toit branlant et soutenu par deux ou trois bouts de bois portant sur un petit mur de briques crues à hauteur d'appui. En face, à l'angle correspondant, un hangar semblable avait existé autrefois, mais la charpente avait disparu, et il ne restait plus que le soutènement de briques, à demi ruiné; au même endroit s'ouvrait dans le mur d'enceinte une brèche déjà ancienne, assez large pour laisser passer un homme à cheval.

Par les soins du capitaine Danjou, une escouade fut placée à chacune des deux entrées; deux autres occupèrent la chambre avec mission de surveiller les ouvertures du bâtiment qui donnaient sur la route; une autre fut chargée de garder la brèche. Un moment on voulut créneler le mur qui faisait face aux portes d'entrée ; mais il était si épais, si bien construit de paille, de sable et de cailloux qu'on n'y put percer que deux trous, à grand'peine; personne n'y demeura. Enfin le sergent Morzicki, un Polonais, fut envoyé sur les toits avec quelques hommes pour observer les mouvemens de l'ennemi. Le reste de la compagnie prit place en réserve entre les deux portes, ayant l'œil à la fois sur les quatre coins de la cour et prêt à se porter partout où le danger deviendrait trop pressant.

Ces dispositions prises, nous attendîmes fièrement l'attaque; il pouvait être en ce moment neuf heures et demie.

II.

Jusque-là on avait tiraillé de part et d'autre, échangé quelques coups de feu, mais sans que l'ennemi en prît occasion pour s'engager à fond. Au contraire il semblait hésiter à commencer l'attaque, et nous n'étions pas loin de croire qu'il se retirerait. Nous fûmes vite détrompés.

Morzicki venait d'être aperçu tandis qu'il s'avançait sur les toits, au-dessus des chambres occupées par l'ennemi. Un officier mexicain, son mouchoir blanc à la main, s'approcha lui-même jusqu'au pied du mur extérieur et, parlant en bon français, au nom du colonel Milan nous somma de nous rendre : « Nous étions trop peu nombreux, disait-il : nous allions nous faire inutilement massacrer; mieux valait nous résigner à notre sort et déposer les armes, on nous promettait la vie sauve. »

Ce parlementaire était un tout jeune homme de vingt-deux à vingt-trois ans; fils d'un Français, du nom de Laisné, établi depuis longtemps capitaine du port à Vera-Cruz, il avait passé lui-même par l'école militaire de Chapultepec, près Mexico. J'eus occasion de le connaître plus tard et, comme tous mes camarades, je n'eus jamais qu'à me louer de sa bienveillance et de son humanité. Pour le moment, il avait grade de capitaine et remplissait les fonctions d'officier d'ordonnance auprès du colonel Milan.

Morzicki était descendu pour nous apporter les propositions de l'ennemi; le capitaine le chargea de répondre simplement que nous avions des cartouches, que nous ne nous rendrions pas.

Alors le feu éclata partout à la fois; nous étions à peine un contre dix, et, si l'attaque eût été dès lors vigoureusement conduite, je ne sais trop comment nous eussions pu y résister. Heureusement nous n'avions affaire qu'à des cavaliers; forcés de mettre pied à terre, embarrassés par leurs larges pantalons de cheval, peu habitués d'ailleurs à ce genre de combat, ils venaient, séparément ou par petits groupes, s'exposer à nos balles cylindriques qui ne les épargnaient point; nous savions tirer.

A vrai dire, ils n'étaient pas seuls à souffrir, car nous nous trouvions nous-mêmes fort imparfaitement abrités, et déjà plusieurs des nôtres étaient tombés, tués ou blessés. Dans la chambre surtout, la lutte était épouvantable : les Mexicains essayaient de l'envahir du dehors, en même temps, ceux qui occupaient les chambres voisines s'étaient mis à percer de meurtrières les murs et les plafonds; les défenseurs, ainsi pressés, commençaient à faiblir.

Calme, intrépide au milieu du tumulte, le capitaine Danjou semblait se multiplier. Je le reverrai toujours avec sa belle tête intelligente où l'énergie se tempérait si bien par la douceur; il allait d'un poste à l'autre, sans souci des balles qui se croisaient dans la cour, encourageant les hommes par son exemple, nous appelant par nos noms, disant à chacun de ces nobles paroles qui réchauffent le cœur et rendent le sacrifice de la vie moins pénible, et même agréable, au moment du danger. Avec de pareils chefs, je ne sais rien d'impossible.

Vers onze heures, il venait de visiter le poste de la chambre et lui-même avait reconnu qu'on n'y pourrait plus tenir longtemps, quand, regagnant la réserve, il fut atteint d'une balle en pleine poitrine; il tomba en portant la main sur sa blessure. Quelques-uns de nous coururent pour le relever, mais le coup était mortel; le sang sortait à flots de sa poitrine et ruisselait sur le sol. Le sous-lieutenant Vilain lui mit une pierre sous la tête; pendant cinq minutes encore ses yeux hagards roulèrent dans leur orbite, il eut deux ou trois soubresauts convulsifs, puis son corps se raidit, et il expira sans avoir repris connaissance.

Quelque temps avant de tomber, il nous avait fait promettre que nous nous défendrions tous jusqu'à la dernière extrémité : nous l'avions juré.

Sur ces entrefaites, la chambre était évacuée. Les Mexicains, à coups de crosse, étaient parvenus à enfoncer une porte intérieure qui unissait cette pièce aux autres du rez-de-chaussée et d'où ils fusillaient nos hommes à bout portant; ceux-ci furent contraints de se retirer, mais de quatorze qu'ils étaient au début, il n'en restait plus que cinq qui allèrent renforcer les divers postes de la cour.

Le sous-lieutenant Vilain prit le commandement qui, comme titulaire, lui revenait de droit; petit, fluet, les cheveux blonds frisés, presqu'un enfant, il sortait des sous-officiers et n'avait que six mois de grade; un brave cœur du reste, et qui ne boudait pas devant le danger.

La défense continua. Les Mexicains étaient maîtres de la maison tout entière, mais ils ne jouirent pas longtemps de leur avantage. Embusqués dans la cour, nous dirigions contre toutes les ouvertures un feu si vif et si précis qu'ils durent quitter la place à leur tour, le premier étage d'abord, puis le rez-de-chaussée. Dès lors ils n'y reparurent que par intervalles et en petit nombre; mais à peine une tête, un bras, un bout d'uniforme apparaissait-il dans l'encadrement d'une porte ou d'une fenêtre qu'une balle bien dirigée châtiait cette imprudence.

Vers midi, on entendit au loin la voix du clairon. Nous n'avions pas encore perdu tout espoir et nous pûmes croire un moment que des Français venaient à notre secours; déjà même, frémissans de joie, nous nous apprêtions à sortir du corral pour courir au-devant de nos camarades : soudain battirent les tambours, ces petits tambours bas des Mexicains, au roulement rauque et plat comme celui du tambour de basque, jouant une sorte de marche sautillante, toute différente de nos airs français et à laquelle nous ne pouvions plus nous méprendre.

C'était l'infanterie du colonel Milan qui s'annonçait : laissée au matin dans la campement de la Joya, avertie plus tard du combat engagé à Camaron, elle venait ajouter le poids de ses armes dans une lutte déjà trop inégale.

Morzicki nous avait rejoints et combattait avec nous dans la cour; souple comme un jaguar et s'aidant pour grimper des moindres aspérités de la muraille, il alla reprendre sur les toits son poste périlleux d'observation. Il aperçut, massée en avant de l'hacienda, toute cette infanterie.

On n'y comptait pas moins de trois bataillons forts de 400 hommes en moyenne et portant chacun le nom du district où ils avaient été levés : Vera-Cruz, Cordova, Jalapa.

Comme il arrive toujours dans une armée improvisée, — et c'était le cas pour les Mexicains, — l'ensemble du costume et de l'équipement laissait beaucoup à désirer; pourtant, sous ce désordre, on sentait percer une préoccupation méritoire de bonne tenue et de régularité. Les hommes du bataillon de Vera-Cruz avaient tous, ou presque tous, le large pantalon et la veste de toile grise à liséré bleu, pour coiffure le grand chapeau de paille; Cordova ne différait que par la couleur de la toile qui était bleue; Jalapa, le mieux habillé des trois, avait également le pantalon de toile grise, la veste bleue ouverte par devant, et au lieu du sombrero mexicain le képi, avec l'indispensable couvre-nuque tombant sur les épaules. Le plus grand nombre chaussaient des brodequins en cuir fauve lacés sur le cou-de-pied; les autres avaient conservé leurs sandales ou *guaraches*, à semelles de cordes, assez semblables aux espadrilles espagnoles.

Les chefs étaient vêtus à peu près de même façon, sauf la qualité plus fine de l'étoffe : pantalon à liséré bleu ou rouge, tunique de campagne à petites basques, ornée de boutons d'or sur le devant, avec l'attente sur chaque épaule. Tous les officiers supérieurs portaient la botte molle et le revolver à la ceinture.

Quant à la cavalerie, elle se composait surtout d'irréguliers, — *guerilleros*, — dans l'appareil le plus ordinaire au cavalier mexicain et que tout le monde connait : aux jambes, des caleçons de peau collans, ouverts de bas en haut, s'évasant sur le pied et garnis le long de la couture d'une triple rangée de boutons métalliques, autour des reins la ceinture de laine rouge, le gilet et la veste de cuir, agrémentés à profusion de soutaches et de broderies d'argent, sur la tête le chapeau de feutre gris aux vastes ailes horizontales qu'entoure la *toquilla*, large galon d'argent ou d'or; puis des éperons démesurés, d'énormes étriers de bois, en forme de sabots carrés, recouverts de métal, la lourde selle à pommeau; tout cela faisait un curieux contraste avec la taille de leurs chevaux, peu élevés pour la plupart, mais d'une vigueur remarquable et merveilleusement dressés.

Un escadron seul portait l'uniforme militaire : tunique de drap bleu à petits pans, pantalon bleu terminé par le bas de cuir, buffleteries blanches; képi et couvre-nuque; c'étaient des dragons. Du reste toutes ces troupes étaient supérieurement armées, avec des armes perfectionnées de provenance américaine : aux cavaliers, le sabre, le revolver et le mousqueton; bon nombre de *guerilleros* avaient aussi la lance; aux fantassins, la carabine rayée et le sabre-baïonnette. En vérité, il ne leur manquait plus que du canon!

Nous nous regardâmes sans mot dire; dès ce moment nous avions compris que tout était perdu et qu'il ne nous restait plus qu'à bien mourir. Pour comble de malheur, le vent ne portait pas dans la direction de Paso del Macho, d'où le capitaine Saussier et ses grenadiers, entendant la fusillade, n'auraient pas manqué d'accourir à notre aide.

Cependant Morzicki avait été vu de nouveau, et pour la seconde fois le chef des Mexicains nous fit sommer de nous rendre. Le sergent était encore tout bouillant de la lutte; ivre de poudre et de colère, il répondit en vrai soldat, par un mot peu parlementaire, mais qui du moins ne laissait plus de doute sur nos intentions, puis il se hâta de descendre et traduisit sa réponse au sous-lieutenant Vilain qui dit seulement : « Vous avez bien fait, nous ne nous rendrons pas. »

Au même instant, l'assaut commença. Le premier élan des Mexicains fut terrible; ils se ruaient de tous côtés pour pénétrer dans la cour, criant, hurlant, vomissant contre nous les imprécations et les injures, avec cette abondance qui leur est propre en pareil cas et que facilite encore l'inépuisable richesse du vocabulaire espagnol : « Dehors les chiens de Français! A bas la canaille! A bas la France! Mort à Napoléon! » Je ne puis tout répéter.

Pour nous, calmes, silencieux, chacun à notre poste, nous ajustions froidement, ne tirant qu'à coup sûr et quand nous tenions bien notre homme au bout du fusil : les plus avancés tombaient; le flot des assaillans oscillait d'abord, puis reculait en frémissant, mais pour revenir à la charge aussitôt après. A peine avions-nous le temps de glisser une nouvelle cartouche au canon, ils étaient déjà sur nous. Leurs officiers surtout étaient magnifiques d'audace et de bravoure.

Rentrés en force dans le corps de logis, les uns s'occupaient d'ouvrir avec des pics et des pinces dans le mur du rez-de-chaussée une arge brèche sur la cour. En même temps, d'autres s'étaient établis derrière la partie du mur d'enceinte qui faisait face aux grandes portes; de là, mettant à profit les créneaux que nous avions percés nous-mêmes et que nous n'avions pas pu défendre, en perçant de nouveaux, comme le niveau du sol extérieur était plus élevé que celui de la cour, ils dirigeaient sur nous un feu plongeant; de ce côté encore ils parvinrent, quoique non sans peine, à ouvrir une brèche de près de 3 mètres.

Alors nous dûmes changer nos dispositions. Le poste de réserve dont je faisais partie et qui tenait le milieu entre les deux entrées se trouvait pris à découvert; nous réunissant aux défenseurs de la porte de droite qui n'était plus attaquée, tous ensemble nous fîmes retraite dans l'angle sud-ouest de la cour, sous le hangar ouvert, d'où nous continuâmes à tirer.

Vers deux heures et demie, le sous-lieutenant Vilain revenait de visiter le poste de la brèche et traversait la cour en diagonale dans la direction des grandes portes, quand une balle partie du bâtiment l'atteignit en plein front. Il tomba comme foudroyé.

En ce moment, il faut bien le dire, un sentiment d'horrible tristesse nous pénétra jusqu'au fond de l'âme. La chaleur était accablante; le soleil en son zénith tombait d'aplomb sur nos têtes, un soleil dévorant, impitoyable comme il ne luit qu'aux tropiques; sous ses rayons à pic, les murs de la cour paraissaient tout blancs et la réverbération nous brûlait les yeux; quand nous ouvrions la bouche pour respirer, il nous semblait avaler du feu; dans l'air, pesant comme du plomb, couraient ces tressaillemens, ces ondulations qu'on voit passer sur les plaines désertes dans les après-midi d'été; la poussière que soulevaient les balles perdues frappant le sol de la cour avait peine à quitter la terre et lentement montait en lourdes spirales; surchauffé tout à la fois par les rayons du soleil et la rapidité de notre tir, le canon de nos fusils faisait sur nos mains l'impression du fer rouge. Si intense était l'ardeur de l'atmosphère dans ce réduit transformé en fournaise que les corps des hommes tués s'y décomposaient à vue d'œil; en moins d'une heure, la chair des plaies se couvrait de teintes livides.

Pêle-mêle avec les morts, car il n'y avait aucun moyen de les secourir, les blessés gisaient à la place même où ils étaient tombés; mais tandis qu'on entendait au dehors ceux des Mexicains gémir et hurler de douleur, tour à tour invoquant la Vierge ou maudissant Dieu et les saints, les nôtres, par un suprême effort, en dépit de leurs souffrances, restaient silencieux. Ils eussent craint, les pauvres garçons, d'accuser ainsi nos pertes et de donner confiance à l'ennemi.

Nous n'avions rien mangé ni bu depuis la veille; les provisions s'en étaient allées avec les mulets; nos bidons étaient à sec, car en arrivant à Palo-Verde, nous les avions vidés dans les gamelles qu'il fallut renverser ensuite, et, grâce à notre retraite précipitée, nous n'avions pas eu le temps de les remplir de nouveau; enfin, dans le ravin, nous n'avions pu trouver d'eau. Seul, au départ, l'ordonnance du capitaine portait en réserve dans sa musette une bouteille de vin que M. Danjou lui-même, au moment d'organiser la résistance, avait distribuée entre les hommes. A peine y en avait-il quelques gouttes pour chacun, qu'il nous versa et que nous bûmes dans le creux de la main.

Aussi la soif nous étreignait à la gorge et ajoutait encore aux horreurs de notre situation : une écume blanche nous montait aux coins de la bouche et s'y coagulait; nos lèvres étaient sèches comme du cuir, notre langue tuméfiée avait peine à se mouvoir, un souffle haletant, continu, nous secouait la poitrine; nos tempes battaient à se rompre, et notre pauvre tête s'égarait; de telles souffrances étaient intolérables. Ceux-là seuls peuvent me comprendre qui ont vécu sous ce climat malsain et qui connaissent par expérience le prix d'un verre, d'une goutte d'eau.

J'ai vu des blessés se traîner à plat-ventre, et, pour apaiser la fièvre qui les dévorait, la tête en avant, lécher les mares de sang déjà caillé qui couvraient le sol. J'en ai vu d'autres, fous de douleur, se pencher sur leurs blessures et aspirer avidement le sang qui sortait à flots de leur corps déchiré. Plus forte que toutes les répugnances, que tous les dégoûts, la soif était là qui nous pressait... et puis on avait juré... le devoir!.. Nous en vînmes nous-mêmes à boire notre urine.

A la vérité, ce n'était guère le temps de nous apitoyer sur nous-mêmes ou sur les souffrances de nos camarades. Il fallait avoir l'œil tourné vers tous les points à la fois : à droite, à gauche, en avant, vers les fenêtres du bâtiment, vers les brèches de la cour, car partout on voyait briller les canons de fusil et de partout venait la mort. Les balles, plus drues que grêle, s'abattaient sur le hangar, ricochaient contre les murs, faisaient voler autour de nous les éclats de pierre et les débris de bois. Parfois un de nous tombait, alors le voisin se baissait pour fouiller ses poches et prendre les cartouches qu'il avait laissées.

D'espoir, il n'en restait plus; personne cependant ne parlait de se rendre. Le porte-drapeau Maudet, un vaillant lui aussi, avait remplacé Vilain; un fusil à la main, il combattait avec nous sous le hangar, car déjà les progrès des ennemis ne permettaient plus de traverser la cour et de communiquer des ordres aux différens postes. Au fait, il n'en était pas besoin; la consigne était bien connue de tous : tenir jusqu'au bout, jusqu'à la mort.

Les Mexicains commençaient à se lasser ; mais alors, pour mieux vaincre notre résistance, ils imaginent de recourir à une manœuvre de guerre fort en honneur parmi eux : ils entassent de la paille et du bois à la partie nord-est du bâtiment et y mettent le feu ; l'incendie dévora d'abord un hangar extérieur qui faisait face à Vera-Cruz et qui de là gagna rapidement les toits.

Le vent soufflait du nord au sud et rabattait sur nous une épaisse fumée noire qui ne tarda pas à envahir la cour ; nous en étions littéralement aveuglés, et cette odeur âcre de la paille brûlée, nous prenant à la gorge, rendait plus ardente encore l'horrible soif qui nous tordait les entrailles.

Enfin, au bout d'une heure et demie, l'incendie s'éteignit de lui-même, faute d'alimens ; pourtant cet incident nous avait été funeste : à la faveur de la fumée qui nous dérobait leurs mouvemens, les Mexicains avaient pu s'avancer davantage et nous tirer plus sûrement. Les postes de la brèche et de la porte de gauche avaient perdu la plus grande partie de leurs défenseurs.

Vers cinq heures, il y eut un moment de répit ; les assaillans se retiraient les uns après les autres comme pour obéir à un ordre reçu, et nous pûmes reprendre haleine. Tout bien compté, nous n'étions plus qu'une douzaine.

Au dehors, le colonel Milan avait réuni ses troupes autour de lui et les haranguait ; sa voix sonore arrivait jusqu'à nous, car tout autre bruit avait cessé, et à mesure qu'il parlait, sous le hangar, un ancien soldat de la compagnie, Bartholotto, d'origine espagnole, tué raide à côté de moi quelques instans plus tard, nous traduisait mot par mot son discours.

Dans ce langage chaud et coloré qui fait le fond de l'éloquence espagnole, Milan exhortait ses hommes à en finir avec nous ; il leur disait que nous n'étions plus qu'une poignée, mourant de soif et de fatigue, qu'il fallait nous prendre vivans, que s'ils nous laissaient échapper, la honte serait pour eux ineffaçable ; il les adjurait au nom de la gloire et de l'indépendance du Mexique, et leur promettait bien haut la reconnaissance du gouvernement libéral. Quand il eut fini, une immense clameur s'éleva et nous apprit que l'ennemi était prêt pour un nouvel effort. Toutefois, avant d'attaquer, Milan nous fit adresser une troisième sommation ; nous n'y répondîmes même pas.

III.

L'assaut reprit plus terrible que jamais ; l'ennemi se précipitait sur toutes les ouvertures à la fois. A la grande porte, le caporal Berg seul restait debout ; il fut entouré, saisi par les bras, par le cou, enlevé ; l'entrée était libre, et les Mexicains s'y jetèrent en foule.

Nous cependant, de notre coin, nous enfilions le mur en longueur; tous ceux qui se montraient dans cette direction faisaient aussitôt demi-tour; en moins de dix minutes, il y eut là plus de vingt cadavres en monceau qui obstruaient le passage et arrêtaient l'élan des nouveaux venus.

Par malheur, vers le même temps, l'entrée de l'ancienne brèche était forcée; 4 hommes s'y défendaient encore, Kuwasseg, Gorski, Pinzinger et Magnin; mais tandis qu'ils repoussent les assaillans du dehors, franchissant portes et fenêtres, les Mexicains par derrière envahissent la cour : nos camarades sont contraints de faire face à cette attaque imprévue qui les prend à revers; en vain veulent-ils résister à l'arme blanche, ils sont à leur tour désarmés et pris.

Sous le hangar, nous tenions toujours; la poitrine haletante, les doigts crispés, sans répit chargeant notre carabine, puis l'armant d'un geste inconscient et fébrile, nous réservions toute notre attention pour viser. Chacun de nos coups faisait un trou dans leurs rangs, mais pour un de tué, dix se présentaient.

La porte naguère défendue par Berg, l'entrée ouverte dans le mur d'enceinte, les fenêtres et la porte de l'hacienda vomissaient à flots les assaillans, et se traînant sur les genoux, dissimulés derrière le petit mur du hangar détruit qui à cet endroit avançait dans la cour, d'autres adversaires nous arrivaient continuellement par l'ancienne brèche.

Il faisait grand jour encore; dans le ciel d'un bleu cru, sans nuages, brillait le soleil aussi ardent, aussi implacable qu'en plein midi, et ses rayons à peine inclinés, comme s'acharnant après nous, fouillaient tous les coins de la cour. Plusieurs des blessés, frappés d'insolation et en proie au délire, ne pouvaient plus retenir leurs plaintes et demandaient à boire d'une voix déchirante; les mains contractées, les yeux injectés et saillans, les malheureux se tordaient dans les angoisses dernières de l'agonie et de leur tête nue battaient lourdement le sol desséché.

Depuis le matin, je n'avais rien perdu, fût-ce un seul moment, de mon sang-froid, ni de ma présence d'esprit; tout à coup je pensai que j'allai mourir.

Souvent j'avais entendu dire que, dans un péril extrême, l'homme revoit passer en un instant, par les yeux de l'esprit, tous les actes de sa vie entière. Pour ma part, et bien qu'ayant fait la guerre, je me fusse trouvé parfois dans des circonstancesassez difficiles, jamais je n'avais rien observé de semblable. Cette fois il devait en être autrement. Ce fut comme un de ces éclairs rapides qui par les chaudes nuits des tropiques, précurseurs de l'orage, déchirent subitement la nue et, courant d'un pôle à l'autre, illuminent sur une étendue immense les montagnes et les plaines, les forêts, les villes et les hameaux; pendant la durée de quelques secondes à peine, chaque détail du paysage apparaît distinct en son lieu, puis la nuit reprend tout. Ainsi mon passé m'apparut soudain. Je revis mon beau et vert pays de Périgord, et Mussidan où j'étais né, si gentiment assis entre ses deux rivières, tout embaumé de l'odeur des jardins, et les petits camarades avec qui je jouais enfant. Je me revis moi-même jeune soldat, engagé aux zouaves, bientôt partant pour la Crimée, blessé dans les tranchées, prenant part un des premiers à l'assaut du Petit-Redan, décoré! Je me revis plus tard en Afrique, entré aux chasseurs à pied et faisant *parler la poudre* avec les Arabes; puis en dernier lieu rendant mes galons de sous-officier pour faire partie de la nouvelle expédition et visiter cette terre du Mexique où j'allais laisser mes os.

En effet, l'issue pour nous n'était plus douteuse. Acculés dans notre coin comme des sangliers dans leur bauge, nous étions prêts pour le coup de grâce. De moment en moment un de nous tombait, Bartholotto d'abord, puis Léonard.

Je me trouvais entre le sergent Morzicki, placé à ma gauche, et le sous-lieutenant Maudet à ma droite. Tout à coup Morzicki reçut à la tempe une balle partie du coin de la brèche; son corps s'inclina et sa tête inerte vint s'appuyer sur mon épaule. Je me retournai et le vis face à face, la bouche et les yeux grands ouverts :

— Morzicki est mort, dis-je au lieutenant.

— Bah! fit celui-ci froidement, un de plus; ce sera bientôt notre tour, et il continua de tirer.

Je saisis à bras-le-corps le cadavre de Morzicki, je l'adossai à la muraille et retournai vivement ses poches pour voir s'il lui restait encore des cartouches; il en avait deux, je les pris.

Nous n'étions plus que cinq : le sous-lieutenant Maudet, un Prussien nommé Wensel, Cattau, Constantin, tous les trois fusiliers, et moi. Pourtant nous tenions toujours l'ennemi en respect; mais notre résistance tirait à sa fin, les cartouches allaient s'épuisant. Quelques coups encore, il ne nous en resta qu'une à chacun; il était six heures environ, et nous combattions depuis le matin. — Armez vos fusils, dit le lieutenant : vous ferez feu au commandement; puis nous chargerons à la baïonnette, vous me suivrez.

Tout se passa comme il l'avait dit.

Les Mexicains avançaient ne nous voyant plus tirer; la cour en était pleine. Il y eut alors un grand silence autour de nous; le moment était solennel : les blessés mêmes s'étaient tu; dans notre réduit nous ne bougions plus, nous attendions.

— Joue! feu! — dit le lieutenant; nous lâchâmes nos cinq coups de fusil, et, lui en tête, nous bondîmes en avant baïonnette au canon.

Une formidable décharge nous accueillit, l'air trembla sous cet ouragan de fer et je crus que la terre allait s'entr'ouvrir.

A ce moment, le fusilier Cattau s'était jeté en avant de son officier et l'avait pris dans ses bras pour lui faire un rempart de son corps; il tomba frappé de dix-neuf balles.

En dépit de ce dévoûment, le lieutenant fut également atteint de deux balles : l'une au flanc droit, l'autre qui lui fracassa la cuisse droite.

Wensel était tombé, lui aussi, le haut de l'épaule traversé, mais sans que l'os eût été touché; il se releva aussitôt.

Nous étions trois encore debout : Wensel, Constantin et moi.

Un moment interdits à la vue du lieutenant renversé, nous nous apprêtions cependant à sauter par-dessus son corps et à charger de nouveau; mais déjà les Mexicains nous entouraient de toutes parts et la pointe de leurs baïonnettes effleuraient nos poitrines.

C'en était fait de nous, quand un homme de haute taille, aux traits distingués, qui se trouvait au premier rang parmi les assaillans, reconnaissable à son képi et à sa petite tunique galonnée pour un officier supérieur, leur ordonna de s'arrêter et d'un brusque mouvement de son sabre releva les baïonnettes qui nous menaçaient : — Rendez-vous, nous dit-il.

— Nous nous rendrons, répondis-je, si vous nous laissez nos armes et notre fourniment, et si vous vous engagez à faire relever et soigner notre lieutenant que voici là blessé.

L'officier consentit à tout, puis comme ces premiers mots avaient été échangés en espagnol : — Parlez-moi en français, me dit-il, cela vaudra mieux; sans quoi ces hommes vont vous prendre pour un Espagnol, ils voudront vous massacrer, et peut-être ne pourrai-je pas me faire obéir...

On reconnaît bien là cette haine inexpiable que gardent les Mexicains, et avec eux tous les colons de l'Amérique espagnole, contre la mère patrie; juste retour de tant d'injustices et de cruautés commises pendant trois siècles dans ces belles contrées par les successeurs de Pizarre et de Fernand Cortès.

Cependant l'officier parlait à l'un de ses hommes; il se retourna et me dit : — Venez avec moi. — Là-dessus il m'offrit le bras, donna l'autre à Wensel blessé, et se dirigea vers la maison; Constantin nous suivait de près.

Je jetai les yeux sur notre officier que nous laissions par derrière.

— Soyez sans inquiétude, me dit-il, j'ai donné ordre pour qu'on prît soin de lui; on va venir le chercher sur un brancard. Vous-mêmes, comptez sur moi, il ne vous sera fait aucun mal. »

Pour dire vrai, je m'attendais à être fusillé, mais cela m'était indifférent; je le lui dis.

— Non, non, reprit-il vivement, je suis là pour vous défendre.

Au moment même où, sortant du corps de logis, nous débouchions sur la route, toujours à son bras, un cavalier irrégulier fond sur nous avec de grands cris et lâche des deux mains sur Wensel et sur moi deux coups de pistolet; sans mot dire, l'officier prend son revolver dans sa ceinture, ajuste froidement et casse la tête au misérable qui roule de la selle sur la chaussée; puis nous continuons notre route sans nous occuper autrement de lui.

Le colonel Cambas avait été élevé en France et parlait notre langue admirablement; militaire par occasion comme beaucoup de ceux qui nous combattaient et que l'amour de la liberté avait armés contre nous, il appartenait, ainsi que Milan, à cette classe des *licenciados* qui comprend à elle seule presque tous les hommes les plus instruits et les plus influens du pays. Excellentes gens, l'un et l'autre, et qui eussent fait honneur même à une autre armée, car pour leurs soldats, je ne crois pas les calomnier beaucoup en disant que les trois quarts n'étaient que des bandits.

Nous étions arrivés ainsi dans un petit pli de terrain à quelque distance de l'hacienda, où se tenaient le colonel Milan et son état-major.

— C'est là tout ce qu'il en reste? demanda-t-il en nous apercevant; — on lui répondit que oui, et, ne pouvant contenir sa surprise, *Pero non son hombres*, s'écria-t-il, *son demonios*. Ce ne sont pas des hommes, ce sont des démons! Puis s'adressant à nous en français:
— Vous avez soif, messieurs, sans doute. J'ai déjà envoyé chercher de l'eau. Du reste ne craignez rien; nous avons déjà plusieurs de vos camarades que vous allez bientôt revoir; nous sommes des gens civilisés, quoi qu'on dise, et nous savons les égards qui se doivent à des prisonniers tels que vous.

On nous donna de l'eau et des *tortillas*, sorte de crêpes de maïs dont le bas peuple au Mexique se sert comme de pain et sur lesquelles nous nous jetâmes avec avidité.

Au même moment arrivait le lieutenant Maudet, couché sur un brancard et entouré d'une nombreuse escorte de cavaliers; d'autres blessés venaient après lui.

La nuit était tombée tout à coup; sous les tropiques, le crépuscule n'existe point non plus que l'aurore, et le jour s'éteint comme il naît, presque sans transition. En compagnie de nos vainqueurs, nous fîmes route vers leur campement de la Joya, où nous arrivâmes assez tard; il y régnait une grande émotion, et les blessés encombraient tout. Là, malgré la parole du colonel Cambas, nos armes, qu'on nous avait laissées d'abord, nous furent enlevées; il fallait s'y attendre; on nous réunit alors à nos camarades faits prisonniers avant nous. Épuisés par la fatigue et par la souffrance, noirs de poudre, de poussière et de sueur, les traits défaits, les yeux sanglans, nous n'avions plus figure humaine. Nos vêtemens, nos chapeaux étaient criblés, percés à jour; les miens pour leur part avaient reçu plus de quarante balles, mais par un bonheur inoui, durant cette longue lutte, je n'avais pas même été touché.

Comment en étions-nous sortis sains et saufs? Nous ne le comprenions pas nous-mêmes, et les Mexicains pas davantage; seulement le lendemain je me tâtais les membres, doutant encore si c'était bien moi et si j'étais réellement en vie.»

IV.

Tel est ce glorieux fait d'armes où 65 hommes de l'armée française, sans eau, sans vivres, sans abri, dans une cour ouverte, sous les ardeurs d'un soleil meurtrier, tinrent en échec pendant plus de dix heures près de 2,000 ennemis.

Grâce à leur dévoûment, le convoi fut sauvé. Lentement il remontait dans la direction de Cordova et n'était plus qu'à deux lieues de Camaron, lorsqu'un Indien, qui de loin avait assisté aux opérations militaires de la journée, vint annoncer qu'un détachement français avait été enveloppé dans l'hacienda, que les Mexicains étaient en nombre et qu'ils barraient la route. Il était alors cinq heures environ, et la 3e compagnie était presque anéantie.

Outre les grosses pièces d'artillerie de siège, les fourgons du trésor, les prolonges et les voitures de l'intendance militaire, chargées de matériel et de munition, le convoi traînait à sa suite une foule de charrettes du commerce et près de 2,000 mules portant les provisions des cantiniers civils; cela faisait un défilé interminable que ralentissait encore le mauvais état de la route. Dans ces conditions, toute surprise devait être fatalement désastreuse; le capitaine Cabossel, des voltigeurs, chargé de la conduite du convoi, n'avait avec lui que deux compagnies du régiment étranger et point de cavalerie; il fit faire halte aussitôt et dépêcha un exprès à la Soledad pour réclamer de nouvelles instructions; il reçut l'ordre de revenir sur ses pas.

A la même heure, le colonel Jeanningros, également prévenu par un Indien, faisait demander des renforts à Cordova. On lui expédie deux bataillons d'infanterie de marine; il en laisse un au Chiquihuite pour conserver la position; lui-même, avec la légion étrangère et l'autre bataillon, se porte en avant au milieu de la nuit, et ramasse en passant les grenadiers du capitaine Saussier, qui prennent l'avant-garde.

Au point du jour, la colonne était en vue de Camaron, mais déjà l'annonce de son arrivée avait mis en fuite les Mexicains qui s'occupaient d'enterrer les morts, et Milan levait en toute hâte son camp de la Joya.

On rencontra, à 100 mètres environ du village, évanoui au pied d'un buisson et grièvement blessé, le tambour de la vaillante compagnie. Pris pour mort par les Mexicains qui la veille au soir avaient visité le champ de bataille et jeté parmi les cadavres de ses camarades, le froid de la nuit l'avait réveillé; il s'était dégagé peu à peu et s'était traîné droit devant lui, jusqu'à ce que la douleur et l'épuisement l'obligeassent à s'arrêter.

Dans la cour de la ferme, le désordre était affreux et n'attestait que trop bien l'acharnement de la lutte; partout d'énormes plaques de sang desséché, partout le sol piétiné, les murs défoncés ou éraflés par les balles; puis çà et là des fusils brisés, des baïonnettes et des sabres tordus, des sombreros, des képis, des effets d'équipement militaires, déchirés, en lambeaux, et sur tout cela du sang. Parmi ces débris on ramassa la main articulée du capitaine.

Cependant les cadavres avaient été enlevés; on les découvrit plus tard séparés en deux tas distincts, ceux des Mexicains au nord, de l'autre côté de la route, ceux des Français dans un fossé au sud-ouest de l'hacienda. Une cinquantaine des Mexicains étaient déjà enterrés; mais il en restait encore plus de deux cents. Les Français avaient perdu vingt-deux hommes tués dans l'action; huit autres, il est vrai, moururent presque aussitôt des suites de leurs blessures, et parmi eux le sous-lieutenant Maudet, qui, transporté à Huatesco, succomba le 8 mai. Les Mexicains s'honorèrent eux-mêmes en rendant à ses dépouilles les honneurs militaires. Il y eut de plus 19 soldats et sous-officiers blessés.

Chez les Mexicains comme chez nous, par une particularité curieuse, le nombre des morts fut plus considérable que celui des blessés; du reste, on remarqua que des deux côtés presque tous les hommes avaient été frappés à la tête ou dans le haut du corps.

Quant aux survivans prisonniers, ils suivirent d'abord la colonne mexicaine, parfois traités avec égard, souvent aussi malmenés, injuriés; mais nous n'avons pas à décrire leur odyssée à travers les villages et les forêts vierges des Terres-Chaudes, sans cesse forcés de fuir avec leurs gardiens devant l'approche des troupes françaises.

Pourtant le bruit de leur héroïque défense s'était répandu dans le pays et avait excité chez tous, amis ou ennemis, une admiration unanime. Les autorités françaises s'occupèrent de leur faire rendre la liberté; mais dans le désordre incroyable où se débattait alors l'administration libérale, les négociations de cette sorte n'étaient pas aisées à conduire. Après trois longs mois d'attente et de souffrancès, un premier convoi de 8 prisonniers, dont faisait partie le caporal Maine, fut échangé contre 200 soldats et un colonel mexicains que nous avions en notre pouvoir. Dans l'intervalle bon nombre des blessés avaient encore succombé; quelques-uns, qui n'avaient pu quitter l'hôpital de Jalapa, rentrèrent plus tard.

Ce retour des prisonniers fut un perpétuel triomphe; dans toutes les villes et les villages où ils passaient, la foule se portait à leur rencontre et les acclamait; les Indiens surtout, dont l'esprit se frappe plus aisément, restaient saisis à leur vue d'une sorte d'étonnement superstitieux et s'écriaient en joignant les mains : « *Jesu-Maria*, les voilà! »

Dès leur arrivée au corps, le chef de bataillon Regnault, qui commandait alors par intérim le régiment étranger, au lieu et place du colonel Jeanningros, appelé à Vera-Cruz, s'empressa de rédiger un rapport circonstancié du combat de Camaron dont on ignorait encore les détails. Ce rapport très émouvant, très bien fait, parvint par voie hiérarchique jusqu'au général en chef Forey. A son tour celui-ci voulut qu'il en fût donné lecture à toutes les troupes du corps expéditionnaire, et dans un ordre du jour daté de son quartier général de Mexico, le 31 août 1863, après avoir glorifié les braves qui avaient soutenu *cette lutte de géans*, comme il disait, il déclara qu'une si belle conduite avait mérité des récompenses extraordinaires. En vertu donc des pouvoirs à lui conférés, Maine, sergent depuis son retour et déjà décoré, devait être promu au grade de sous-lieutenant à la première vacance dans le corps; Schaffner, Wensel, Fritz, Pinzinger, Brunswick, recevaient la croix de la Légion d'honneur, quatre autres la médaille militaire. Peu de temps après, le régiment étranger était rappelé en Europe; les nominations, confirmées par décret impérial, parurent au *Moniteur universel*, le 9 août 1864.

Aujourd'hui le chemin de fer de Vera-Cruz à Mexico traverse Camaron et passe sur les fondations des deux anciennes maisons, en face de l'hacienda en partie détruite pour l'agrandissement du village. Non loin de là, à la place où dorment les héros, s'élève un tertre, surmonté d'une colonne brisée qu'entoure en serpentant une guirlande de lauriers; point d'inscription : leur gloire y supplée; c'est le gouvernement mexicain qui fait les frais de l'entretien; mais depuis le jour mémorable, pendant toute la durée de l'occupation, chaque fois qu'un détachement français passait devant Camaron, les tambours battaient aux champs, les soldats présentaient les armes et les officiers pieusement saluaient de l'épée.

L. LOUIS-LANDE.

PARIS. — Impr. J. CLAYE, A. QUANTIN, & Cᵉ, rue Saint-Benoît.

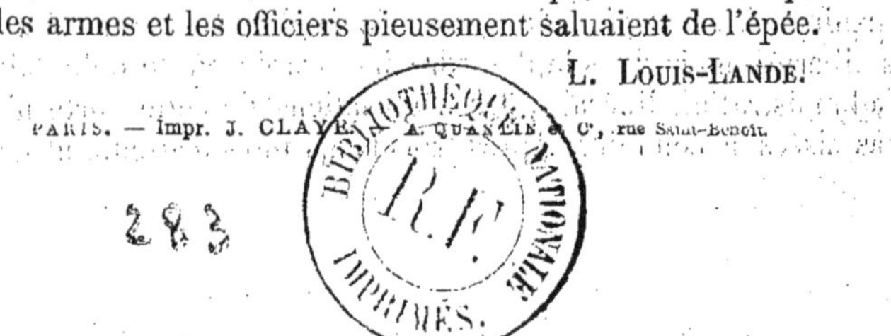

www.ingramcontent.com/pod-product-compliance
Ingram Content Group UK Ltd.
Pitfield, Milton Keynes, MK11 3LW, UK
UKHW012305240726
13966UKWH00004B/1648

9 782011 924834